이 책의 주인공은

------------------------------- 입니다.

내 마음을 알아주는 감성아트북
마 알 북

1판 1쇄 발행   2021. 06. 24

지 은 이   배민관

발 행 인   박윤희
디 자 인   디자인잇
교정교열   임솔
발 행 처   도서출판잇
등   록   2018. 10. 8 신고번호 제 2018-000118호
주   소   송파구 송파대로44길 9(송파동) 402호
팩   스   0504.369.2548

저작권자 ⓒ 배민관 2021
이 책은 저작권법에 의해 보호를 받는 저작물이므로
저자와 출판사의 허락 없이 내용의 일부를 인용하거나 발췌하는 것을 금합니다.
잘못 만들어진 책은 구입하신 곳에서 교환해드립니다.

값은 뒤표지에 있습니다.
ISBN 979-11-968772-6-2(73190)

도서출판잇
우리는 단순히 책을 만들지 않습니다.
작가와 책이 마주치는 모든 곳에서 끊임없이 나음을 넘어 다름을 생각합니다.

홈페이지   www.bookndesign.com
이 메 일   bookndesign@daum.net
블 로 그   blog.naver.com/designit
인스타그램   @book_n_design

이 도서의 국립중앙도서관 출판예정도서목록(CIP)은 서지정보유통지원시스템 홈페이지(http://seoji.nl.go.kr)와
국가자료종합목록시스템(http://www.nl.go.kr/kolisnet)에서 이용하실 수 있습니다.

내 마음을 알아주는 감성아트북

마 알 북

지은이 **배민관**

차 례

프로젝트 1

1 week	- 나의 감정 캐릭터 만들기	10
2 week	- 추상적 도형 캐릭터와 여행 떠나기	16
3 week	- 비를 막아줄 메시지 우산	22
4 week	- 감정 뒤섞기	28

프로젝트 2

1 week	- 어느 날 특별한 능력이 생긴다면?	36
2 week	- 미지의 세계	42
3 week	- 날아라! 내 마음 속 화살	48
4 week	- 내 마음의 달밤	54

프롤로그

부모님께

사춘기의 아이들. 몸이 성장하는 만큼 마음도 빠르게 성장합니다. "수학 개념이 부족하다." "영어 기본이 안 되어있다." "책을 잘 읽지 않는다." 상담하다 보면 자주 듣게 되는 부모님의 걱정들입니다. 혹시 아이의 마음 상태는 어떤지 자주 들여다보시나요? 지식보다 먼저 채워줘야 하는 것은 바로 우리 아이들의 마음입니다. 마음의 뿌리가 튼튼한 아이들은 타인의 시선에 갈팡질팡하지 않고, 자기 내면의 목소리에 먼저 집중할 수 있습니다. 이 책은 아이들이 자연스럽게 나 자신을 바라보고 나와 이야기할 수 있는 공간입니다. 한 주 한 주 새로운 주제로 마음의 색깔을 함께 나누는 시간을 가져보세요.

어린이 여러분에게

우리는 늘 답을 찾으려고 노력합니다. 그러다 원하는 답을 찾지 못할 땐 쉽게 좌절하지요. 예술의 힘은 '답이 없음'에 있습니다. 여러분의 생각을 믿고 마음껏 펼쳐보세요. 하루하루 주어진 이야기와 마주하다 생각이 잘 떠오르지 않으면 잠시 멈춰도 좋아요. 선생님은 여러분이 억지로 책과 이야기하는 것을 바라지 않습니다. 시간이 지나고 이 책이 여러분에게 다시 말을 걸어올 때, 그때 다시 손잡아 주세요. 가장 편안한 마음으로 색을 칠하고 그림을 그리고, 글을 적어보아요. 일주일의 마지막 활동은 여러분이 직접 작가가 되어보는 시간입니다. 세상에서 단 하나뿐인 나만의 이야기. 힘들고 지칠 때 꼭 다시 열어보세요. 분명 여러분의 이야기가 그 무엇보다 가장 큰 힘이 되어줄 겁니다.

선생님께

선생님, 코로나로 인해 아이들과 자주 상담하기 어려우시죠? 이 책이 아이들과 새롭게 소통하는 창구가 되면 좋겠습니다. 어려운 시기에 온·오프라인으로 지도하시느라 고생이 많으실 텐데 현장에 조금이나마 도움이 되길 간절히 바랍니다. 끝으로 책을 통해 아이들과 만날 수 있도록 도와주신 박윤희 대표님과 바쁜 시기에도 교정교열 작업으로 함께 힘을 더해주신 임솔 선생님께 감사의 말씀을 전합니다.

지은이 **배민관**

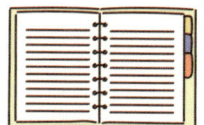

프로젝트 1

1st - 나의 감정 캐릭터 만들기
2nd - 추상적 도형 캐릭터와 여행 떠나기
3rd - 비를 막아줄 메시지 우산
4th - 감정 뒤섞기

  week. Mon

나의 감정 캐릭터 만들기

▬ **여러분의 지금 감정 상태와 어울리는 색으로 아래 감정 캐릭터를 채워보아요.**

▬ 이번 주 활동이 끝나면 선을 따라 자른 뒤 각 부위를 연결하고, 이 책이 끝날 때까지 달라지는 감정의 색으로 덧칠하면서 함께 하도록 해요.

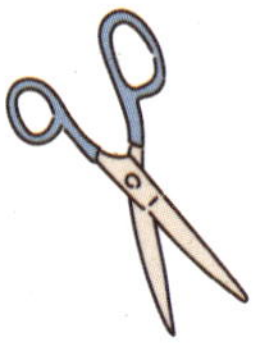

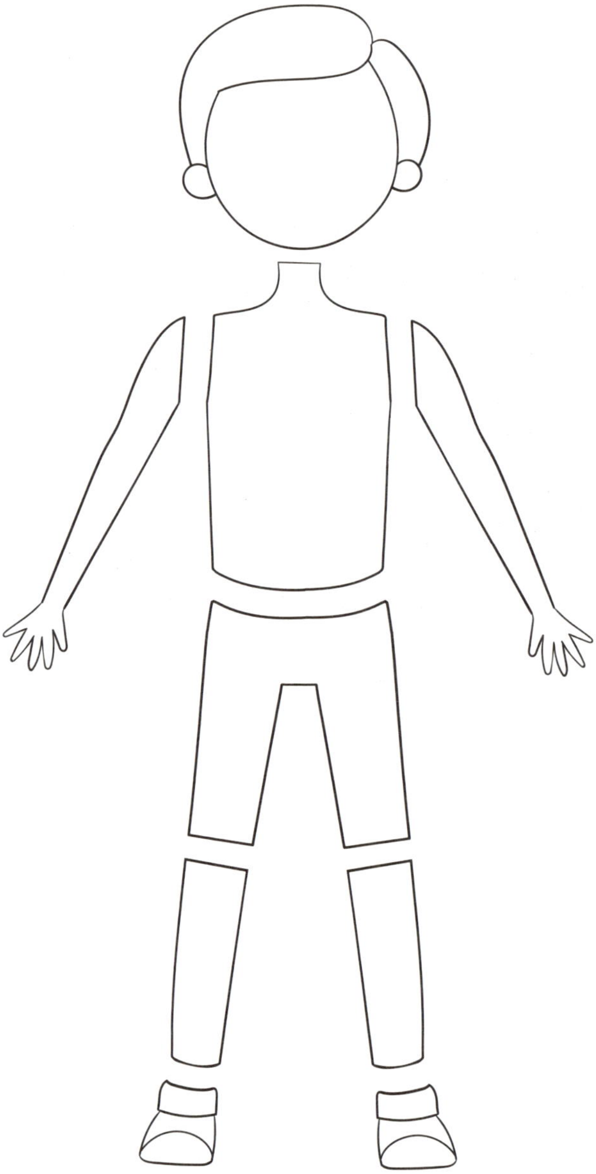

테이프로
붙여줘도 좋아요!

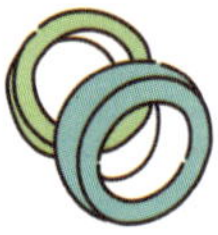

나의 감정 캐릭터 만들기

▭ 나만의 감정캐릭터의 이름을 지어봅시다.

▭ 여러분을 닮은 감정캐릭터가 좋아하는 감정들은 어떤 것들이 있는지 적어봅시다.

좋아하는 감정
예) 고마움

 week. Wed
나의 감정 캐릭터 만들기

▬ 여러분의 감정캐릭터에 색을 칠해보아요.

다양한 도구를 사용해도 좋아요!

▬ 여러분을 닮은 감정캐릭터가 싫어하는 감정들은 어떤 것들이 있는지 적어봅시다.

싫어하는 감정
예) 외로움

1st week. Thu
나의 감정 캐릭터 만들기

▫️ 여러분이 가지고 있는 습관 중 버리고 싶은 습관을 적어봅시다.

내가 버리고 싶은
나의 습관
예) 할 일 미루기

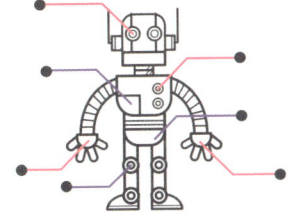

▫️ 여러분의 캐릭터가 갖추었으면 하는 습관을 적어봅시다.

나만의 캐릭터가
가지길 바라는 습관
예) 일찍 일어나기

나의 감정 캐릭터 만들기

🖍️ 여러분의 캐릭터가 올해 달성했으면 하는 목표를 적거나 그려보세요.

나만의 캐릭터가
올해 달성하길
바라는 목표
예) 하루에 1시간 걷기

✏️ 그림으로 표현해보아요.

 **Weekend Project**
나는야 어린이 작가!

이번 주 활동을 통해 내가 느끼고 생각했던 것들을 시나 글, 그림으로 마음껏 표현해보세요.

 week. Mon

추상적 도형 캐릭터와 여행 떠나기

📏 **하나의 선으로 점을 연결해보세요.**

📏 연필을 떼지 않고 이리저리 엉켜있는 하나의 선을 그려보세요.
선 사이사이 만들어진 도형에 색을 칠해보세요. (평소에 내가 자주 쓰지 않는 색을 골라봅니다.)

추상적 도형 캐릭터와 여행 떠나기

- 만들어진 도형 중 마음에 드는 도형을 골라보세요.
- 그 도형을 이용하여 캐릭터를 만들어봅시다. 캐릭터의 이름을 붙이고 표정을 붙여봅시다.

이름 :
이름의 뜻 :
도형 캐릭터의 성격 :

이름 :
이름의 뜻 :
도형 캐릭터의 성격 :

이름 :
이름의 뜻 :
도형 캐릭터의 성격 :

이름 :
이름의 뜻 :
도형 캐릭터의 성격 :

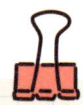

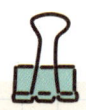

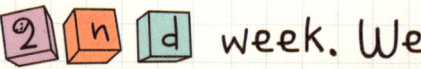

2nd week. Wed

추상적 도형 캐릭터와 여행 떠나기

여러분이 만든 도형 캐릭터 중 가장 마음에 드는 캐릭터는?

가운데에 내가 만든 도형 캐릭터와 나를 그리고, 주변을 가고 싶은 공간으로 꾸며보세요.

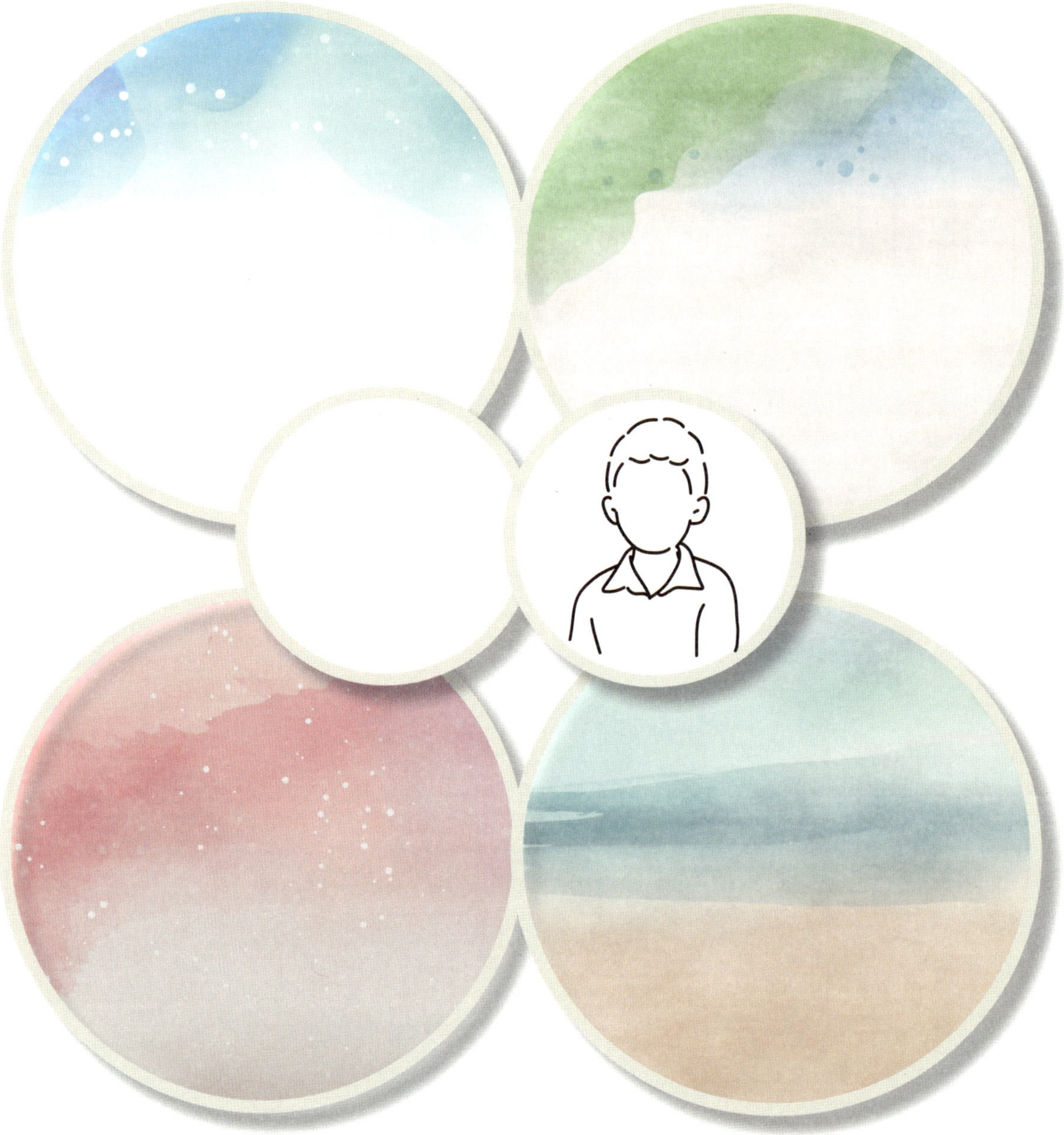

추상적 도형 캐릭터와 여행 떠나기

여러분이 만든 공간에서 도형캐릭터와 하고 싶은 일, 나누고 싶은 말을 단어나 문장으로 써 보세요.

추상적 도형 캐릭터와 여행 떠나기

도형 캐릭터와 함께 부르고 싶은 노랫말을 만들어보세요. 어제 적었던 단어나 문장을 활용하여 만들어보세요. 만든 노랫말은 오선지 선을 따라 써 보세요.

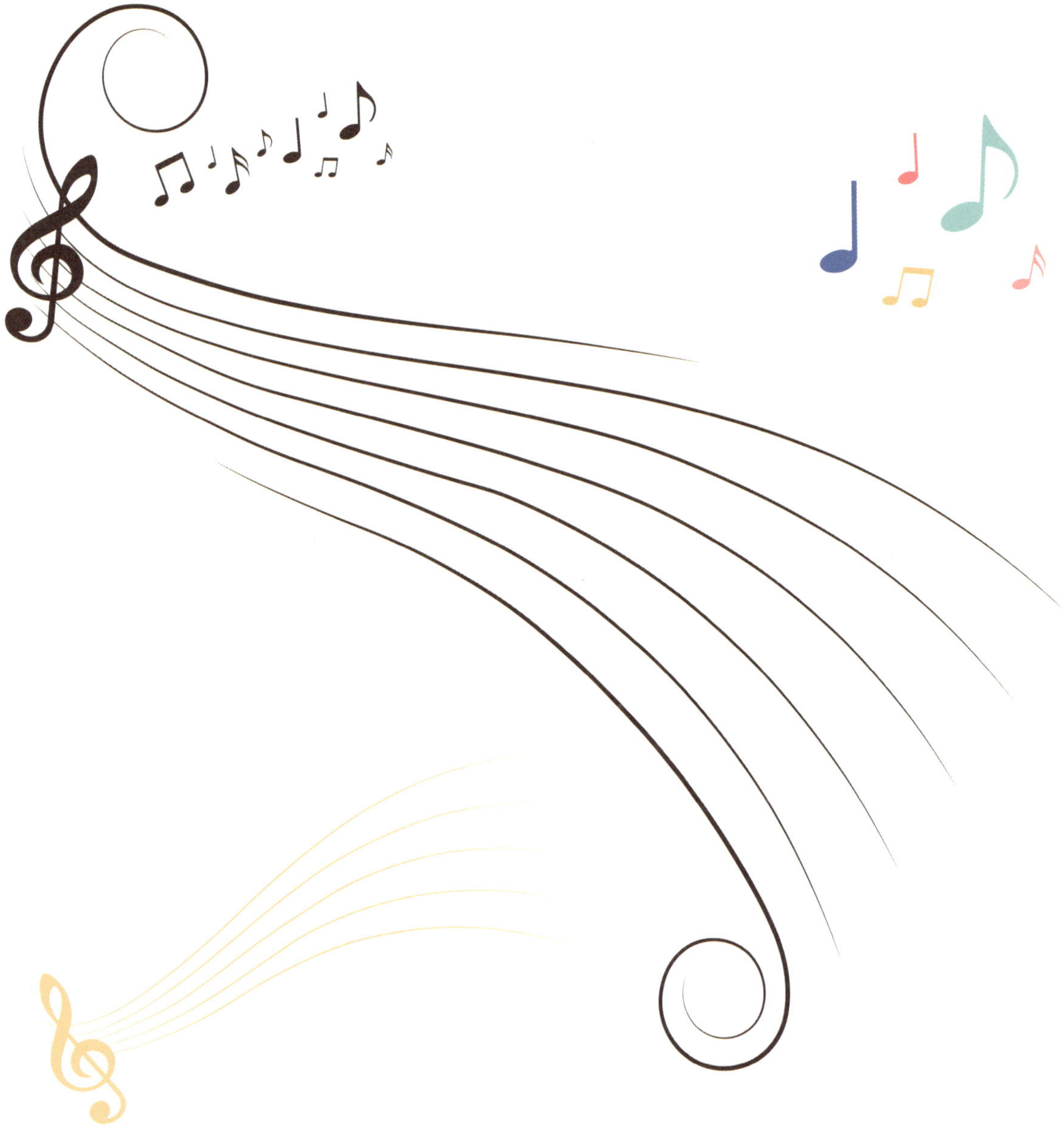

Weekend Project
나는야 어린이 작가!

이번 주 활동을 통해 내가 느끼고 생각했던 것들을 시나 글, 그림으로 마음껏 표현해보세요.

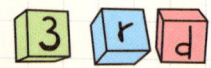 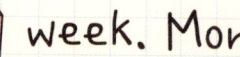

비를 막아줄 메시지 우산

- **여러분의 눈앞에 비가 내리고 있습니다.**
- 빗방울이 떨어지는 모습을 보며 여러분이 상상하는 장면을 그려보세요.

 week. Tue
비를 막아줄 메시지 우산

▭ **여러분은 비가 내리는 한 가운데에 서 있습니다.**

▭ 서 있는 여러분의 모습과 비를 막아줄 우산을 그려봅시다.

이 장면의 분위기는 어떤가요?
....
우산을 들고 있는 여러분의 기분은 어떤가요?
....

3rd week. Wed
비를 막아줄 메시지 우산

▭ 비처럼 내가 가고 있는 길을 불편하게 만드는 장애물(걱정, 고민)이 있나요?

▭ 최근에 했던 걱정이나 고민을 가운데 원에 적고 그것을 생각할 때 떠오르는 단어들을 주변 도형 안에 적어봅시다.

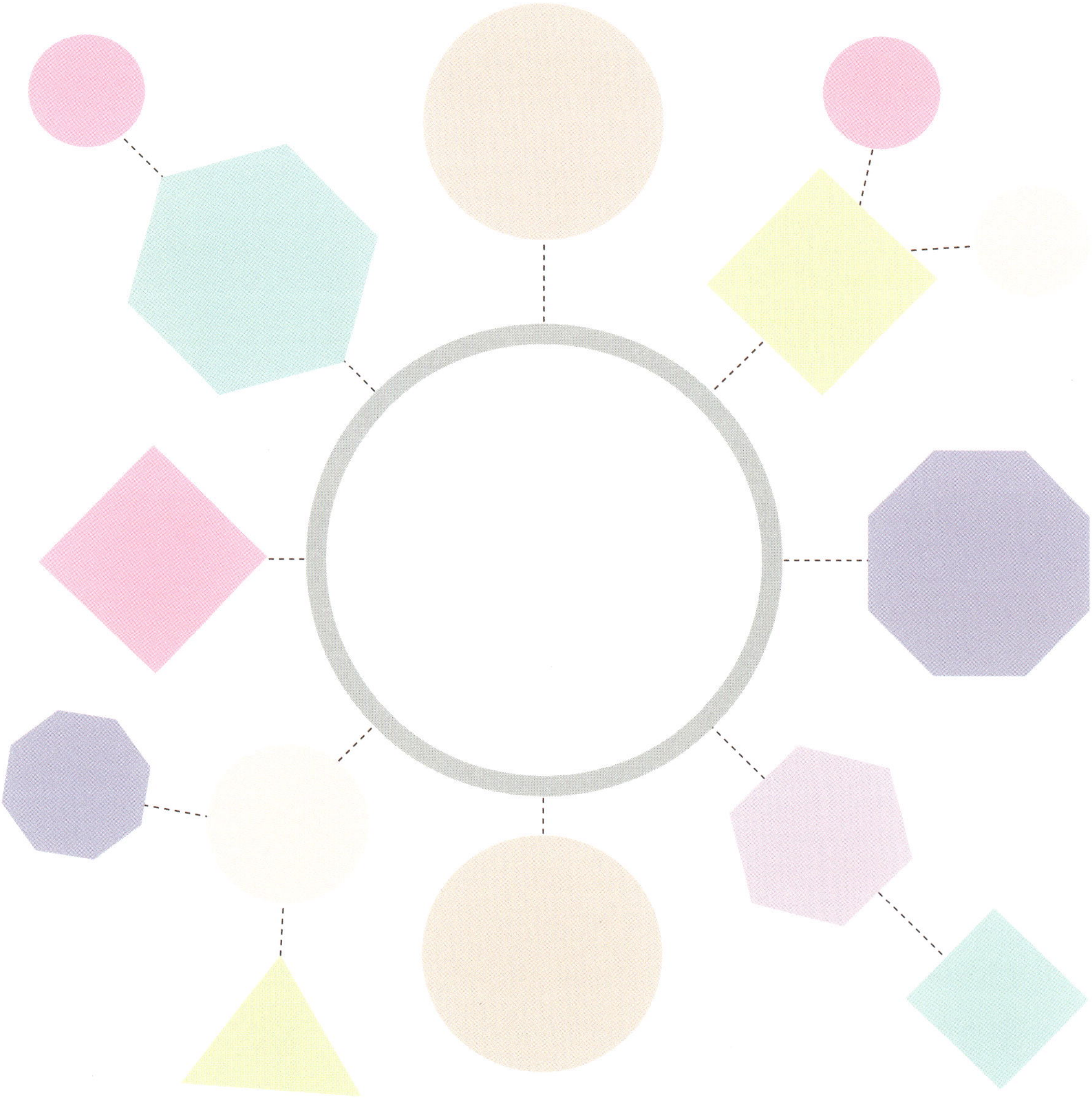

비를 막아줄 메시지 우산

▭ 우산은 하늘에서 떨어지는 비를 막아줍니다. 나의 걱정이나 고민도 막아주는 우산이 있다면 얼마나 좋을까요? 여러분의 걱정과 고민을 막아줄 우산을 위에서 바라보는 모습으로 그려 봅시다.

▭ 우산을 더 튼튼하게 만들기 위해 내가 갖추어야 할 성격이나 습관, 응원의 메시지들을 사이사이에 적어 메시지 우산을 만들어봅시다.

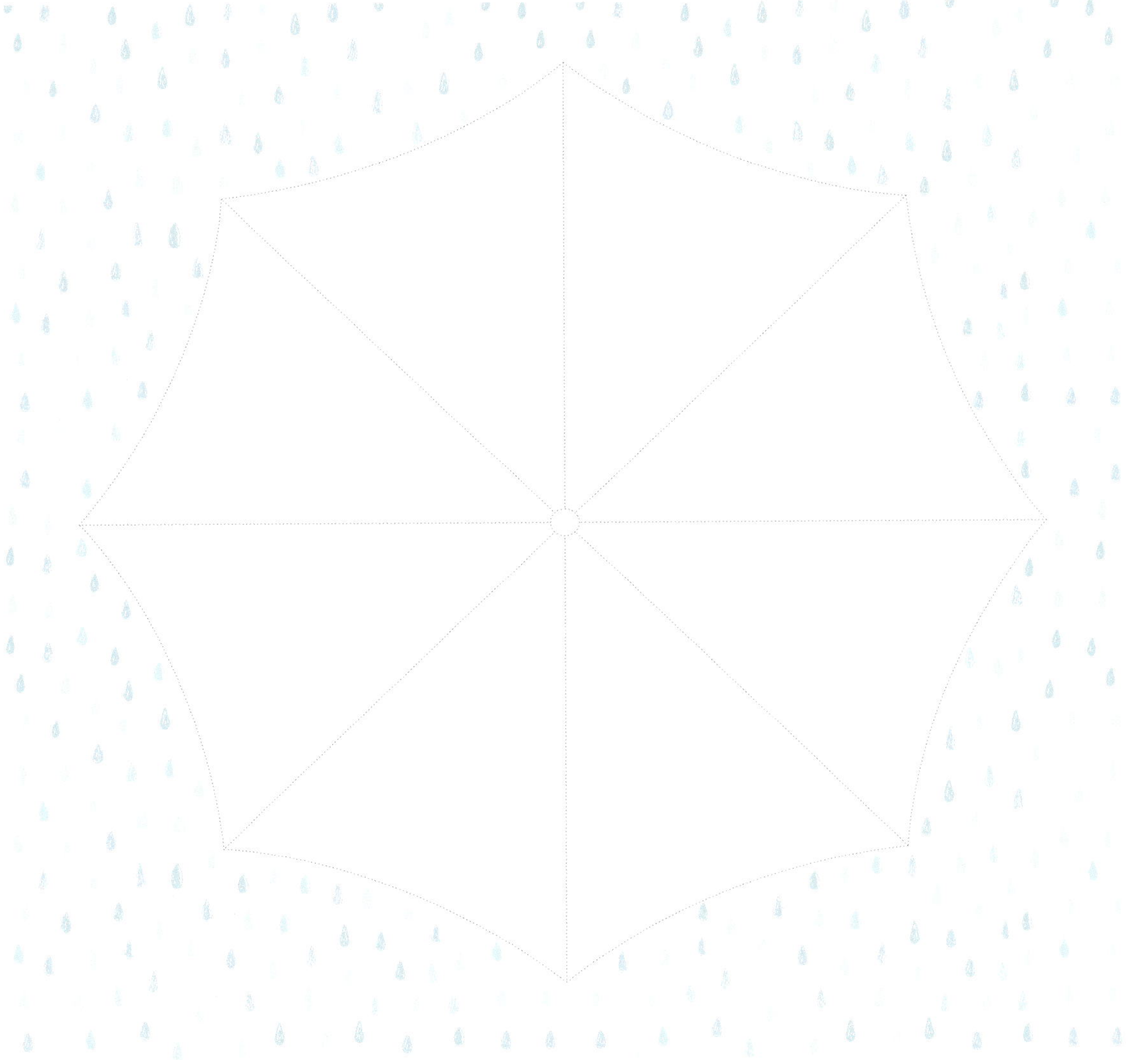

3rd week. Fri
비를 막아줄 메시지 우산

- 이제 여러분은 직접 만든 튼튼한 메시지 우산으로 비를 피해 잘 지나왔습니다.
- 걱정과 고민의 길을 잘 지나고 맑은 날씨처럼 행복해할 나의 표정을 그려봅시다.

Weekend Project
나는야 어린이 작가!

이번 주 활동을 통해 내가 느끼고 생각했던 것들을 시나 글, 그림으로 마음껏 표현해보세요.

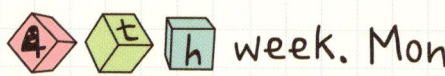 week. Mon
감정 뒤섞기

📝 우리는 다양한 감정을 느끼고 살아갑니다.
  가끔은 나도 내 감정이 어떤 모습인지 잘 모를 때가 많습니다.

📝 지금 이 순간, 여러분이 느끼는 감정을 선이나 색, 무늬 등을 사용하여 마음껏 채워봅시다.

감정 뒤섞기

▭ **여러분의 경험 중 행복했던 경험, 즐거웠던 경험, 만족스러운 경험들을 떠올려봅니다.**

▭ 떠올린 감정들을 생각하며 도형 바깥쪽 흰 배경을 색이나 선, 무늬 등으로 가득 채워봅시다.

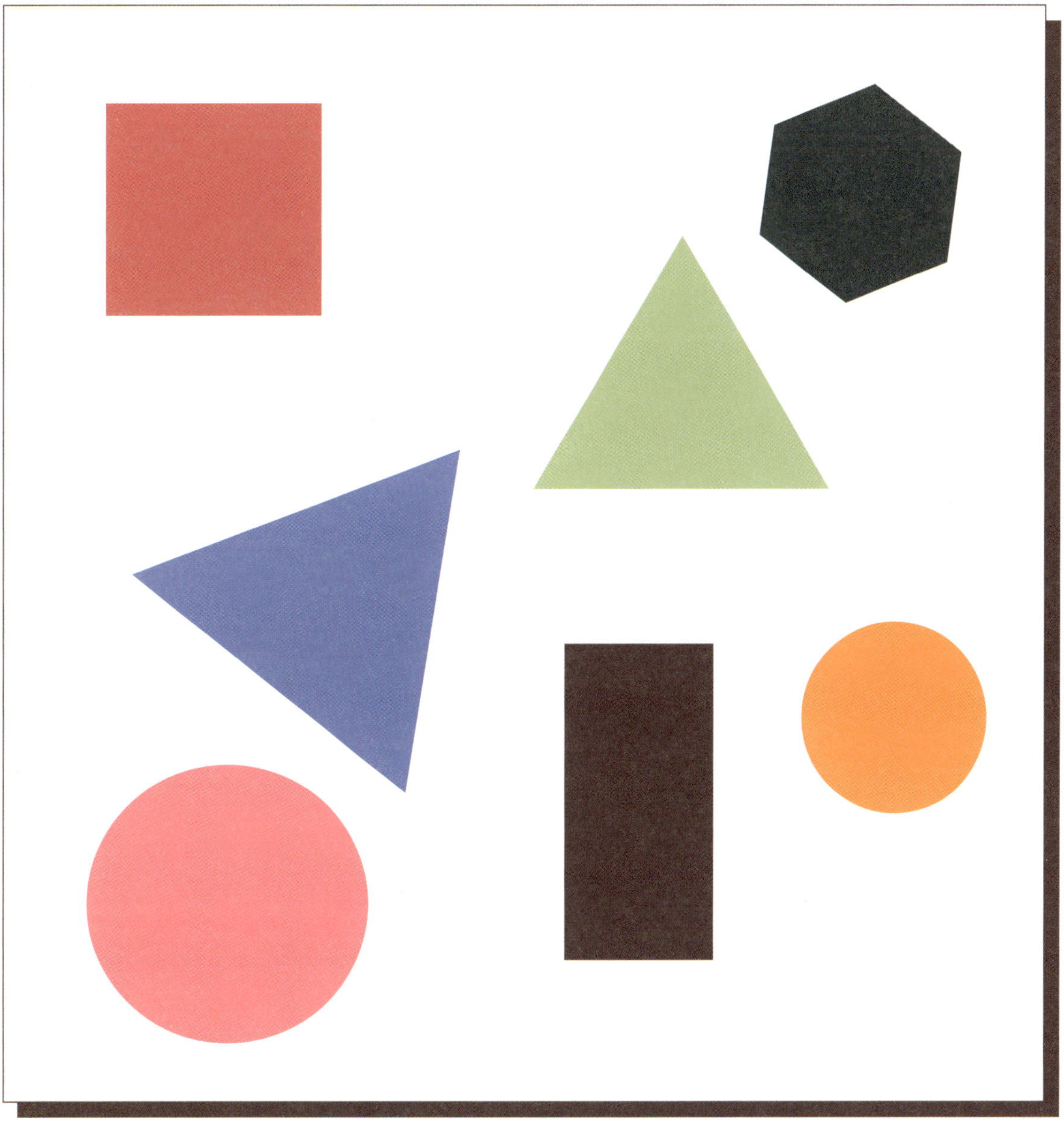

감정 뒤섞기

▱ **여러분의 경험 중 슬펐던 경험, 화가 났던 경험, 불쾌했던 경험들을 떠올려봅니다.**

▱ 떠올린 경험들을 생각하며 각각의 도형 안쪽을 색이나 선, 무늬 등으로 채워봅시다.

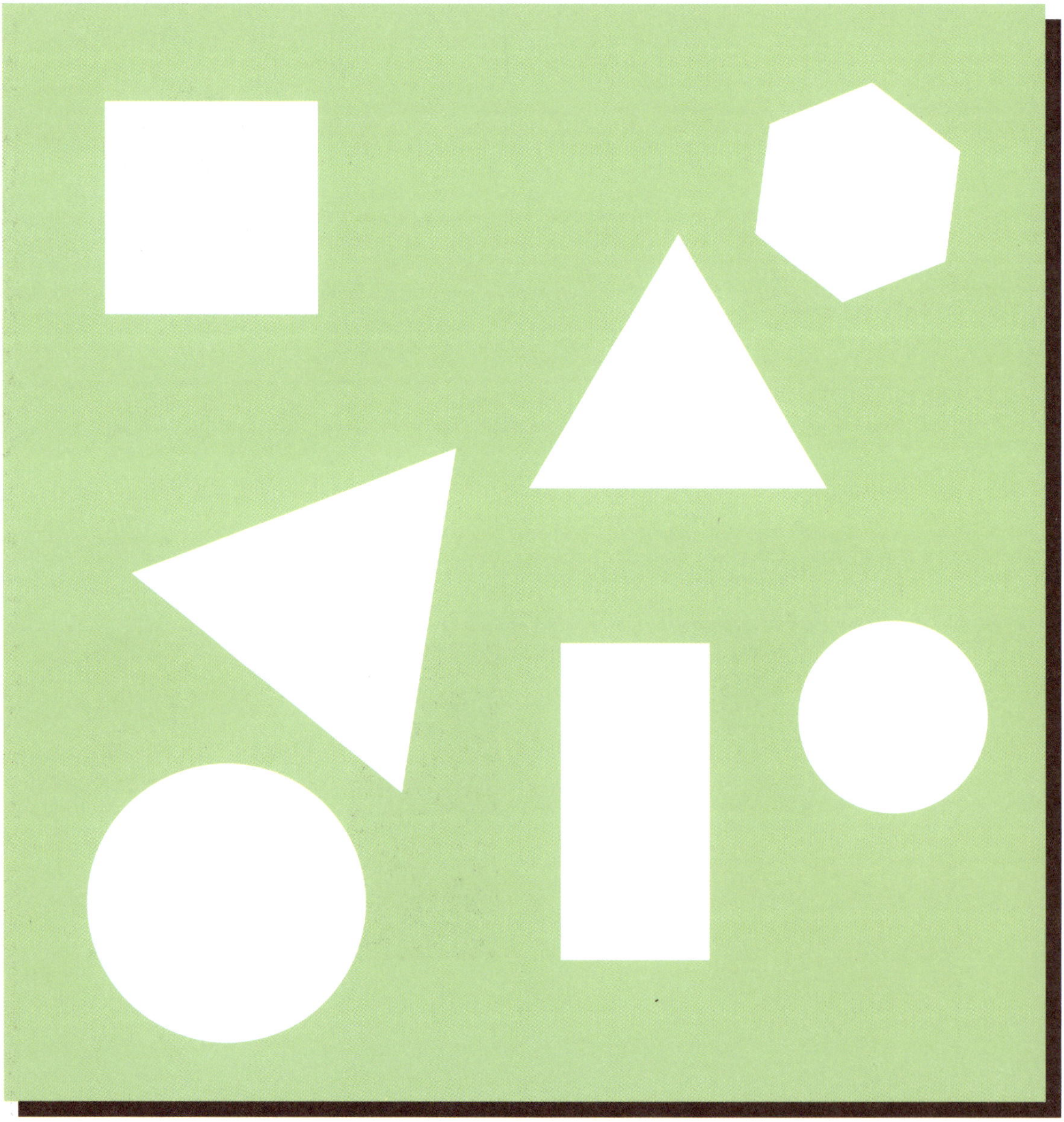

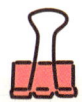

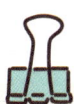

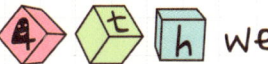

4th week. Thu

감정 뒤섞기

화요일과 수요일에 그렸던 내용을 합쳐서 하나의 그림으로 완성해봅시다.

감정 뒤섞기

▬ 어제 그렸던 그림을 다시 한 번 천천히 바라봅니다.

▬ 완성된 그림을 보면서 어떤 느낌이 드나요?

> 혹시 평소에 그림을 그릴 때 비슷한 느낌의 색깔이나 선만 사용하지는 않았나요?
>
> 함께 썼을 때 전혀 어울릴 것 같지 않은 선이나 색을 함께 사용했을 때 예상치 못한 느낌이나 감정이
>
> 만들어지곤 합니다. 아래 빈칸에 오늘 여러분의 기분을 최대한 다양한 색을 사용하여 채워봅시다.
>
> 여러분의 감정이 앞으로는 조금 더 다양한 색으로 빛나길 바랍니다.

✏ 그림으로 표현해보아요.

 **Weekend Project**
나는야 어린이 작가!

초등학교   학년   반   이름

이번 주 활동을 통해 내가 느끼고 생각했던 것들을 시나 글, 그림으로 마음껏 표현해보세요.
완성된 작품은 왼쪽 절취선을 따라 잘라서 소중히 간직하거나 제출해보아요.

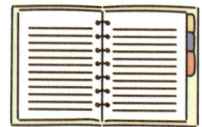

프로젝트 2

1st - 어느 날 특별한 능력이 생긴다면?
2nd - 미지의 세계
3rd - 날아라! 내 마음 속 화살
4th - 내 마음의 달밤

   week. Mon

어느 날 특별한 능력이 생긴다면?

▭ 우리 주변에는 잃고 싶지 않은 소중한 것들이 많습니다.
지금 여러분의 머릿속에 떠오르는 소중한 것은 무엇인가요?

▭ 여러분이 생각한 소중한 것들을 단어로 적거나 그림으로 그려봅시다. 그리고 어울리는 색으로 꾸며봅시다.

 week. Tue

어느 날 특별한 능력이 생긴다면?

▭ **어느 날, 이 세상에 어둠이 찾아왔습니다. 내가 소중하게 여기는 것들이 망가지고 다치는 비극이 일어나려고 합니다. 이때 신이 나타나 나의 소중한 것들을 지킬 수 있는 하나의 초능력을 주겠다고 합니다. 여러분은 어떤 초능력을 가지고 싶나요?**

▭ 내가 가지고 싶은 초능력이 잘 나타나는 장면을 그려봅시다.

1st week. Wed

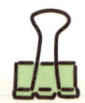

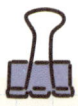

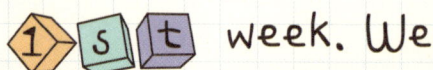

어느 날 특별한 능력이 생긴다면?

만화나 영화에 나오는 초능력자들은 자신만의 특별한 로고를 가지고 있습니다.
여러분도 자신만의 로고를 만들어봅시다. 여러분의 초능력이 잘 드러나도록 꾸며보세요.

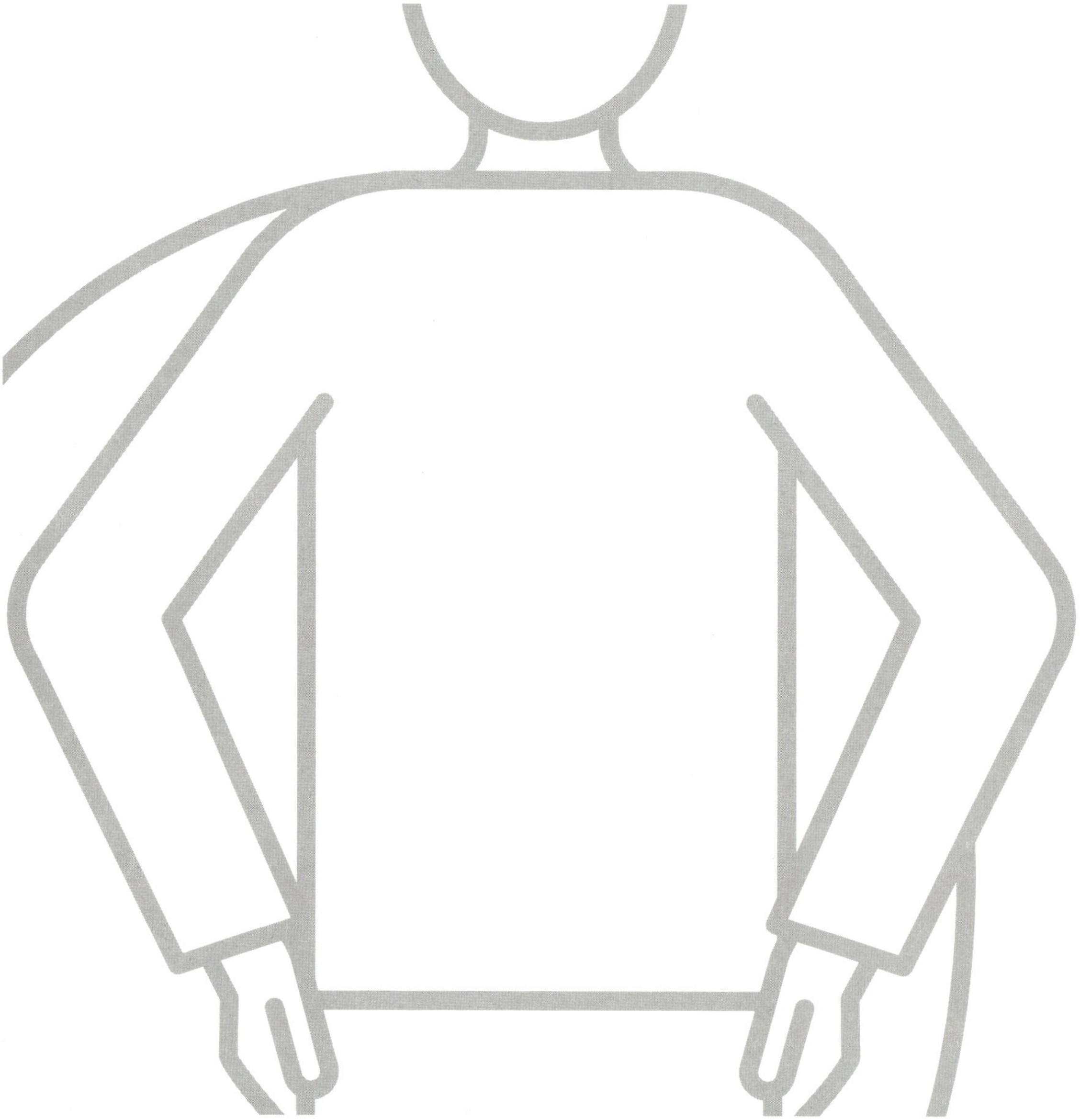

어느 날 특별한 능력이 생긴다면?

▭ 나의 가장 소중한 친구가 학교폭력에 시달린다는 것을 알게 되었습니다.
초능력을 갖게 된 여러분은 어떻게 친구를 도와주고 싶나요?

▭ 학교폭력에서 친구를 구해낸 여러분의 이야기가 영화로 만들어진다고 합니다.
영화를 홍보하기 위해 초능력이 잘 드러나도록 포스터를 만들어봅시다.

어느 날 특별한 능력이 생긴다면?

📝 우리의 말 속에도 여러분이 상상해온 초능력과 같은 힘이 숨겨져 있다는 사실, 알고 있나요? 내가 건네는 위로와 격려, 공감의 말 한마디가 나의 소중한 것들을 지키고 어려움에 처한 주변 사람들을 구할 수 있습니다.

📝 초능력을 가진 나의 모습이 상상으로만 끝나지 않도록, 나의 주변에 건넬 따뜻한 단어를 떠올려 적어봅시다.

따뜻한 말들로 초능력을 발휘하게 될 미래의 나에게 편지를 적어봅시다.
편지 아래에는 내가 만든 로고를 넣어 편지가 더욱 큰 힘을 가질 수 있도록 꾸며봅시다.

To.

Weekend Project
나는야 어린이 작가!

이번 주 활동을 통해 내가 느끼고 생각했던 것들을 시나 글, 그림으로 마음껏 표현해보세요.

  week. Mon

미지의 세계

📝 어느 날 눈을 떠보니, 지금까지 한 번도 와본 적이 없는 낯선 곳에 와 있습니다. 빛이 없는 깜깜한 공간에 앞은 전혀 보이지 않고 겨우 발 옆에 있는 손전등 하나를 찾았습니다.

📝 손전등을 비춰보니 문 앞에 하나의 그림이 그려져 있었습니다.
여러분 눈앞에 펼쳐진 그림은 어떤 그림인가요? 상상하여 그려봅시다.

미지의 세계

▭ **주위를 둘러보며 천천히 문 앞으로 가보니 이런 글귀가 쓰여 있습니다.**

▭ · 아래 그림을 조합하면 두 글자의 낱말이 만들어집니다.
   · 만들어진 낱말로 시를 지어봅시다.
   · 당신이 만든 시를 문 앞에서 읽어주세요.

제목 : _____

정답은 맨 뒷쪽에 있습니다.

 week. Wed
미지의 세계

 지령대로 여러분이 지은 시를 읽자 문이 천천히 열리기 시작했습니다. 문이 열리고 나타난 곳은 어두운 숲 속이었습니다. 여러분은 무성하게 자란 풀들을 헤치며 걷기 시작했습니다. 한참을 걷다 보니 눈앞에 집채만 한 거미 한 마리가 등장했습니다.

> "나는 이 숲을 지키는 수호신입니다. 당신은 이 숲에 함부로 들어온 침입자군요.
> 나는 당신을 잡아먹을 수 있습니다. 하지만 기회를 한 번 주죠.
> 만약 내가 짓고 있던 집을 대신 완성해 준다면 당신을 살려주겠습니다. 단, 아래의 조건을 지켜야 합니다."
>
> **조건**: 내가 짓던 집의 가운데 부분을 선으로 이어서 완성하세요. 1228이라는 숫자가 숨겨진 거미줄을 만드세요.

미지의 세계

📎 어두운 숲을 빠져나오자 다시 새로운 미로가 시작됐습니다. 한참을 걸어보았지만 미로의 출구는 쉽게 찾을 수 없었습니다.
그때 미로에 적혀있는 노랫말을 발견했습니다. 앞서 이곳을 탈출한 사람이 적어놓은 노랫말 같습니다. 적힌 글을 읽다보니 조금은 힘이 납니다. 당신도 누군가에게 힘이 될지 모르겠다는 생각에 노랫말을 적어보려고 합니다.

📎 정말 포기하고 싶을 때 힘이 될 수 있는 여러분만의 노랫말을 벽에 적어봅시다.
노랫말과 어울리는 그림도 함께 그려보세요.

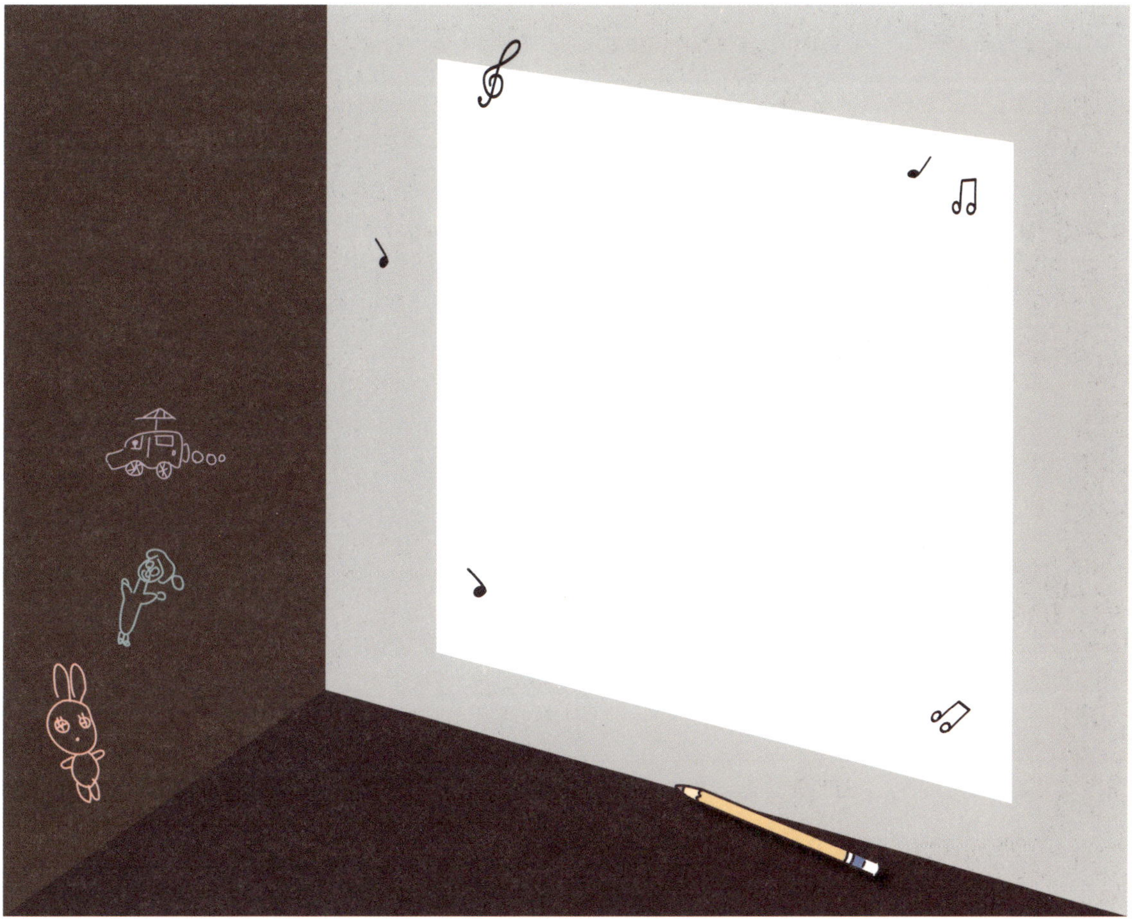

미지의 세계

🖍 여러분이 적어놓은 노랫말 덕분인지 드디어 은은하게 빛나는 작은 상자가 놓여있는 장소를 발견했습니다. 그동안의 고생했던 시간들이 떠오르며 눈물이 왈칵 쏟아졌습니다.

> 눈물을 닦고 상자에 다가가 자세히 살펴보니 누군가 열어본 흔적이 전혀 없었습니다.
> 아마 그동안 나에게 단서를 남겨놓았던 사람은 아직도 어딘가에서 헤매고 있는 것 같습니다.
> 미로를 탈출할 수 있는 지도를 가지고 출발하기 전에
> <mark>여러분이 그동안 깨닫게 된 점이나 응원의 메시지를 다양한 암호 형태로 남겨봅시다.</mark>

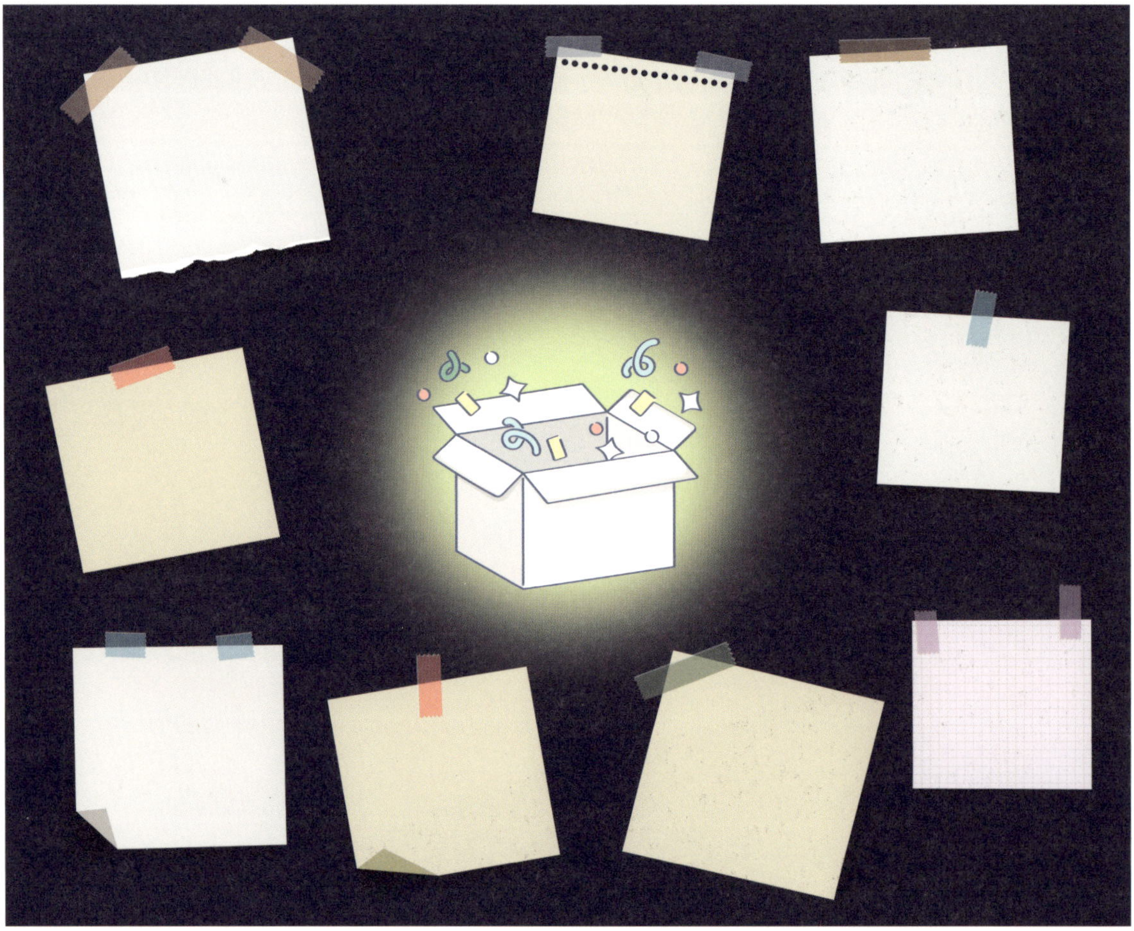

Weekend Project
나는야 어린이 작가!

이번 주 활동을 통해 내가 느끼고 생각했던 것들을 시나 글, 그림으로 마음껏 표현해보세요.

날아라! 내 마음 속 화살

▭ **여러분은 화살을 실제로 본 적이 있나요? 하늘 높이 나는 화살을 상상해봅시다.**

▭ 오늘은 나만의 화살을 그려보도록 해요. 어떤 모습의 화살이라도 좋아요.
내가 쏘아 올리고 싶은 화살을 그리고 화살에 이름을 붙여보세요. 화살을 여러 개 그리고 각각의 이름을 붙여보아도 좋아요.

 week. Tue
날아라! 내 마음 속 화살

🖍️ 오늘은 어제 만든 화살을 쏘아 맞힐 목표물을 그려볼 거예요.
여러분이 요즘 달성하고 싶은 목표나 고치고 싶은 나만의 나쁜 습관, 또는 내가 두려워하는 것들을 아래 과녁판에 적거나 그려봅시다.

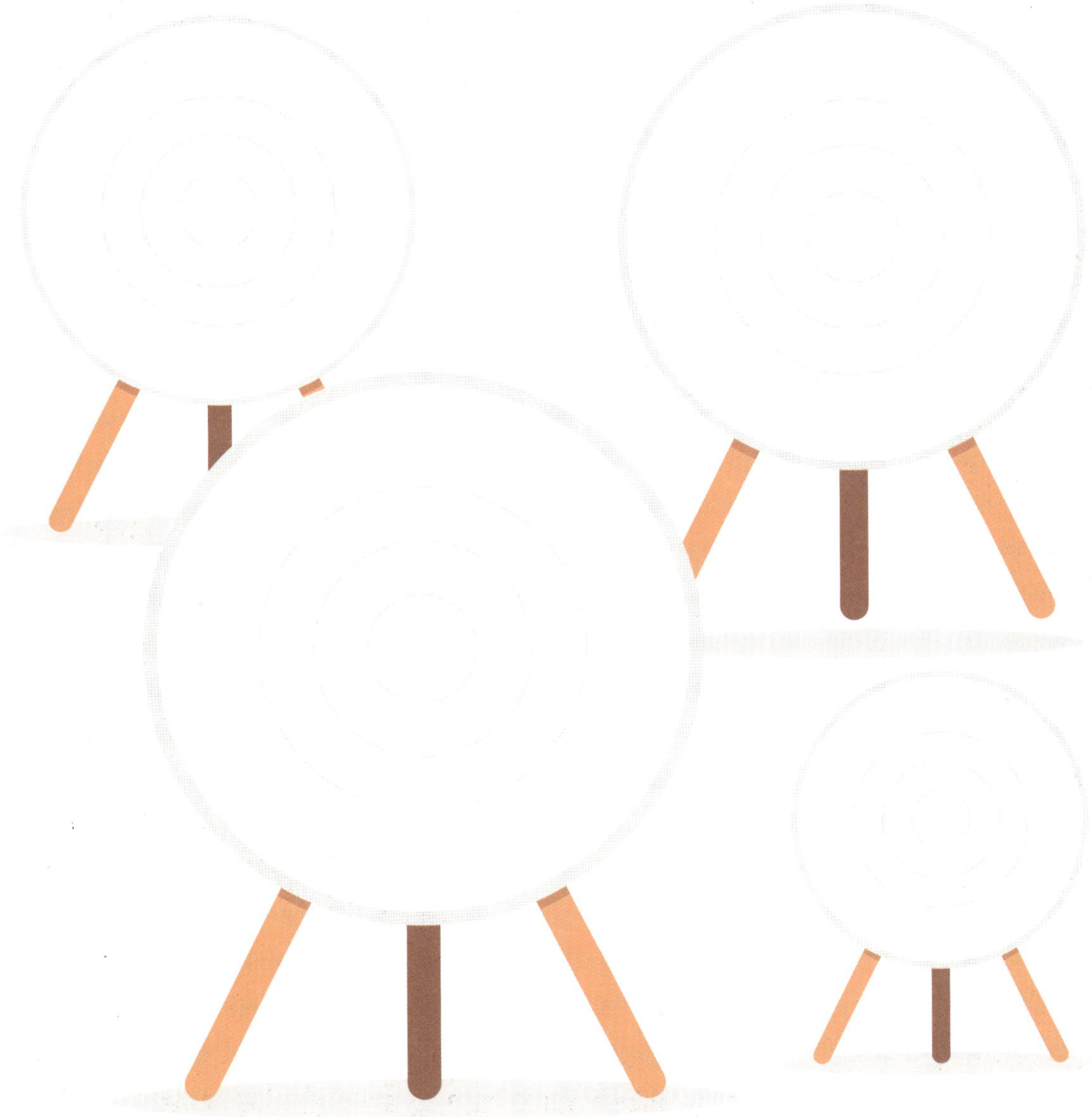

3rd week. Wed
날아라! 내 마음 속 화살

여러분이 준비한 화살로 목표물을 잘 맞히려면 어떠한 힘을 키워야 할까요?
목표를 달성할 수 있도록 도와줄 여러분만의 능력을 단어나 그림으로 표현해봅시다.

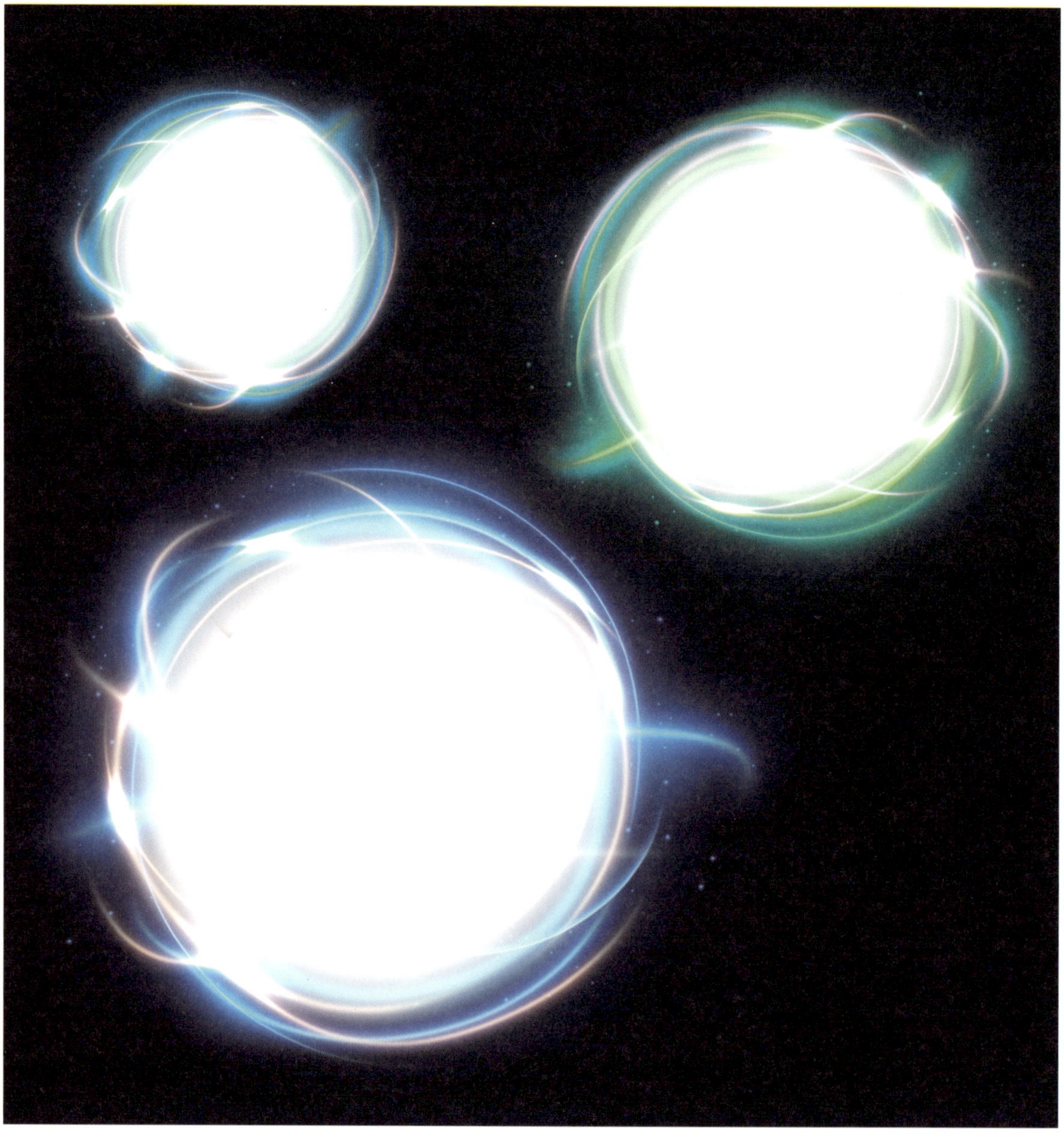

 week. Thu
날아라! 내 마음 속 화살

여러분은 이제 활을 당길 준비가 되었습니다. 어제 떠올려 보았던 능력을 월요일에 그린 화살에 담아 힘차게 날려봅시다. 탕!!! 화살이 멀리멀리 날아가 과녁판에 시원하게 꽂혔습니다. 화요일에 그렸던 목표물의 모습이 화살에 맞아 어떻게 변했을지 과녁판에 다시 그려봅시다.

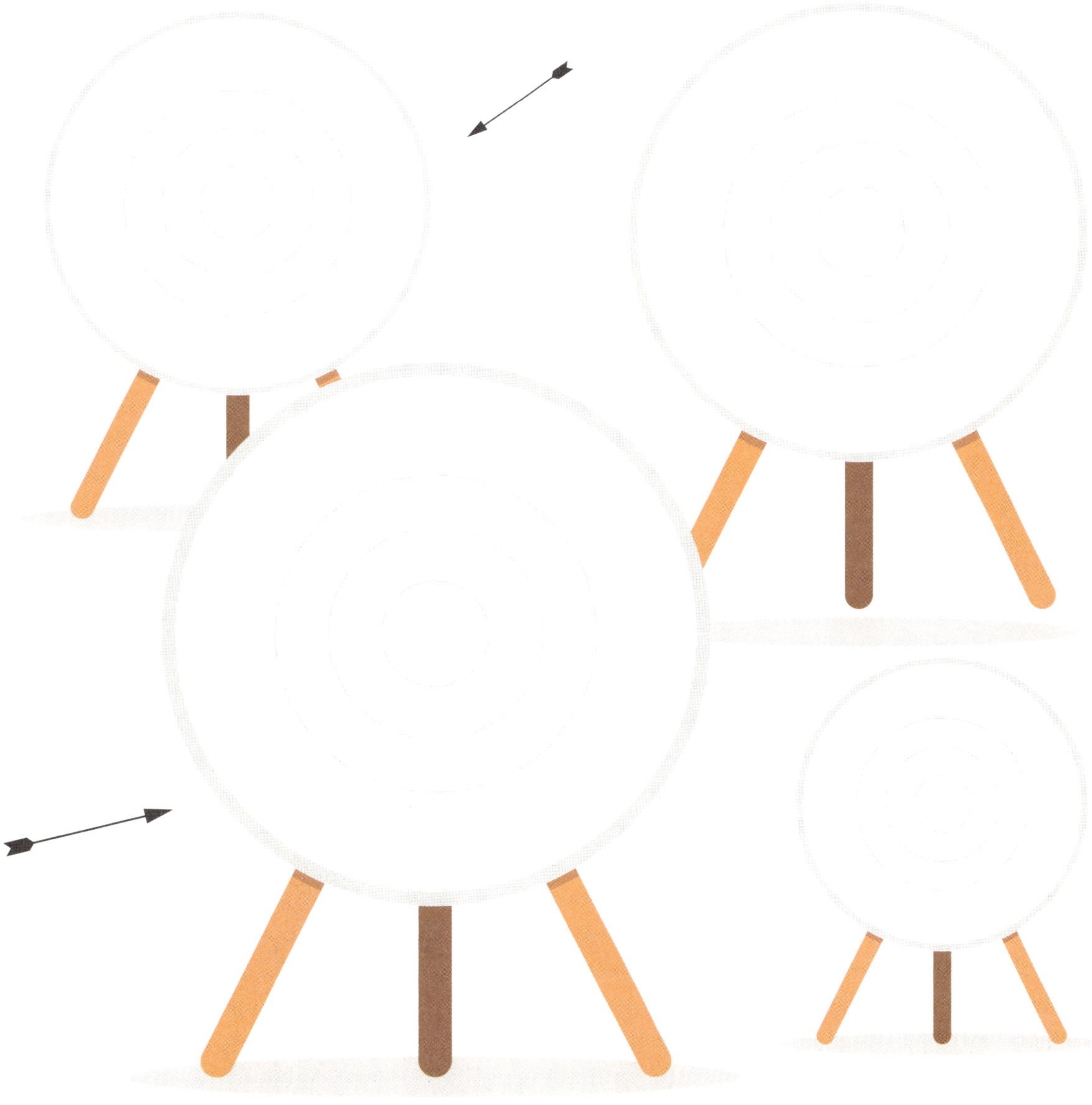

 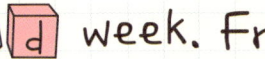

날아라! 내 마음 속 화살

여러분은 벌써 첫 번째 도전에 성공했습니다.
앞으로 여러분이 생각했던 능력을 꾸준히 키운다면 두 번째, 세 번째 쏘아 올리는 화살은 목표물로 더욱더 쉽게 날아갈 것입니다.
그 날의 모습을 상상하며 달라질 여러분의 모습을 그려봅시다.

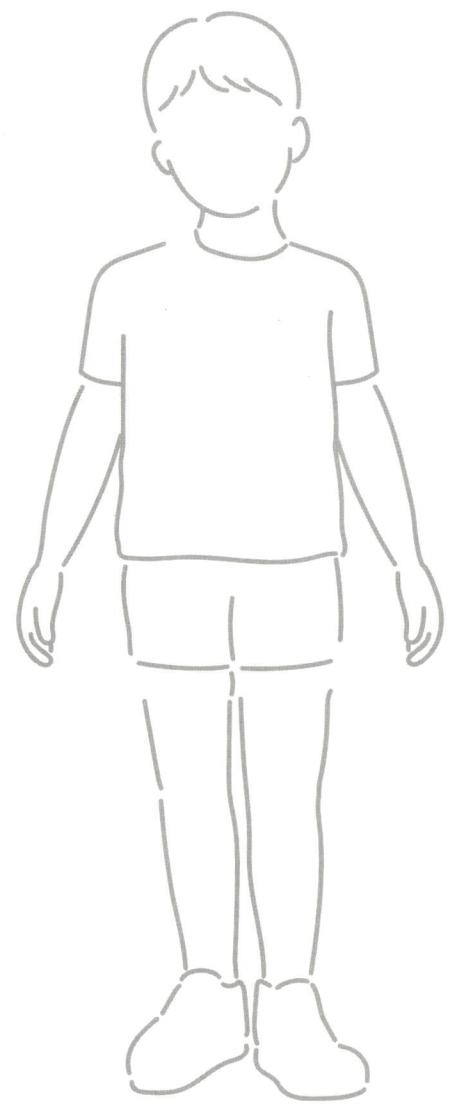

Weekend Project
나는야 어린이 작가!

이번 주 활동을 통해 내가 느끼고 생각했던 것들을 시나 글, 그림으로 마음껏 표현해보세요.

4th week. Mon

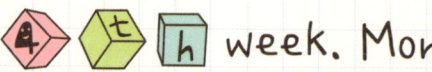

내 마음의 달밤

어두운 밤하늘에 떠 있는 달을 본적이 있나요? 어느 날은 뾰족한 달이 떠있기도 하고 또 어떤 날은 한아름 꽉 찬 달이 뜨기도 하죠? 그 날의 기억을 떠올려보며 잠시 눈을 감고 여러분 마음속에 띄우고 싶은 달의 모습을 상상해봅시다.

어떤 모습의 달인가요? 내 마음의 모습을 잘 이해해줄 수 있는 여러분만의 달을 그려봅시다.

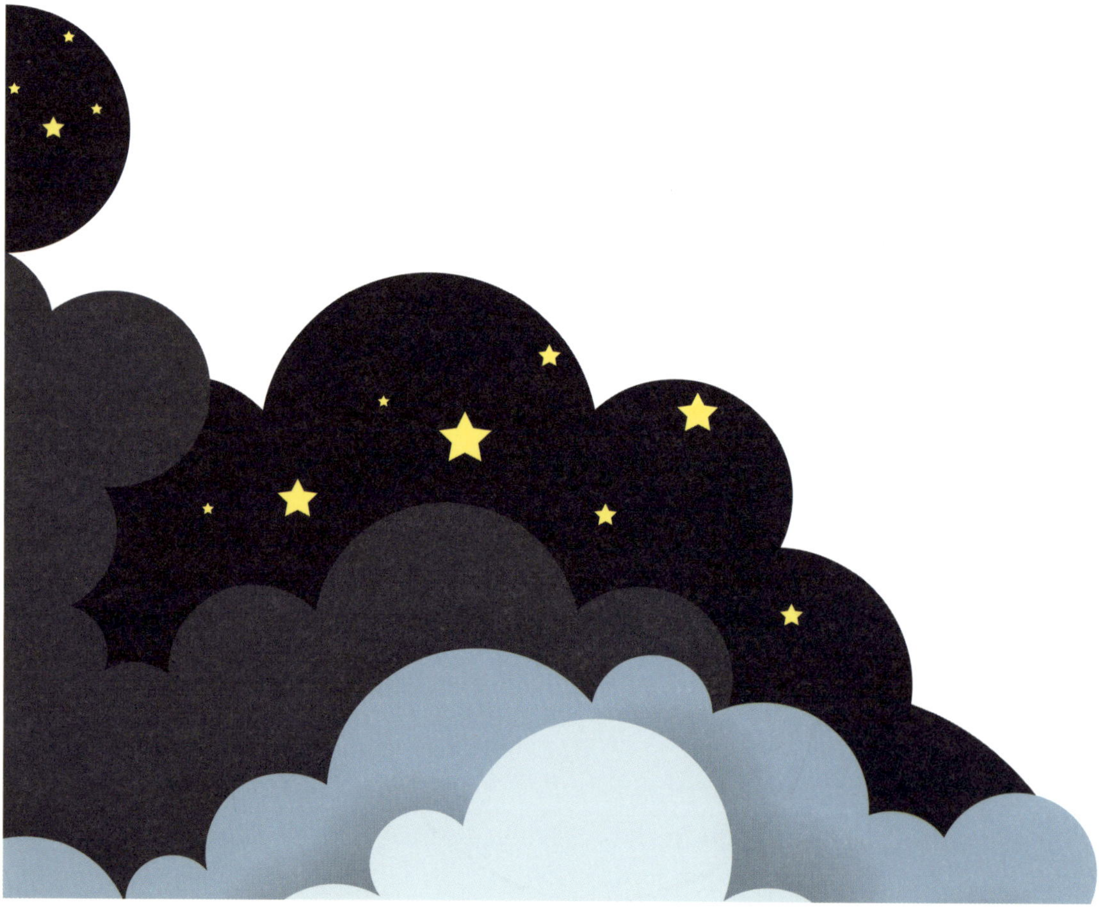

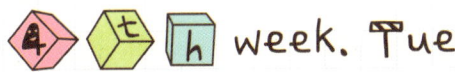

4th week. Tue

내 마음의 달밤

오늘은 어제 그린 여러분의 달이 여기 저기 떴어요.
달에게 해주고 싶은 여러분만의 이야기를 달 안에 적어봅시다.

나만의 비밀 이야기를 전하고 싶은 친구들은 글을 쓴 뒤, 구름을 그려 덮어도 좋습니다.

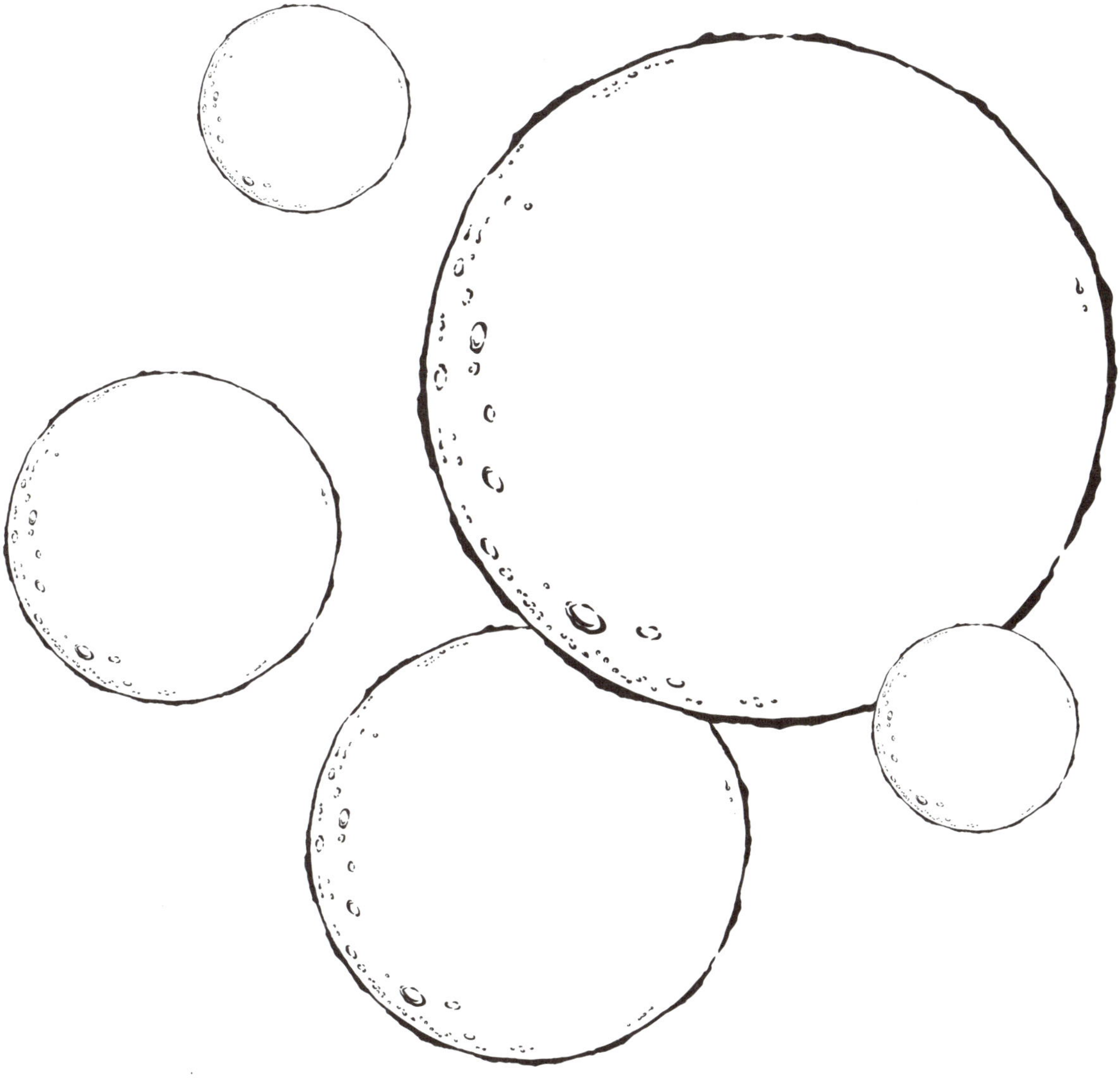

 week. Wed
내 마음의 달밤

📎 어제는 이야기 잘 나누어 보았나요?
오늘은 여러분의 마음을 더욱 밝게 비춰줄 응원이나 격려의 메시지, 또는 세상 곳곳에 외치고 싶은 이야기를 적어봅시다.

📎 달 옆으로 퍼져나가는 빛 위에 책을 빙글빙글 돌려가며 적어보아요.

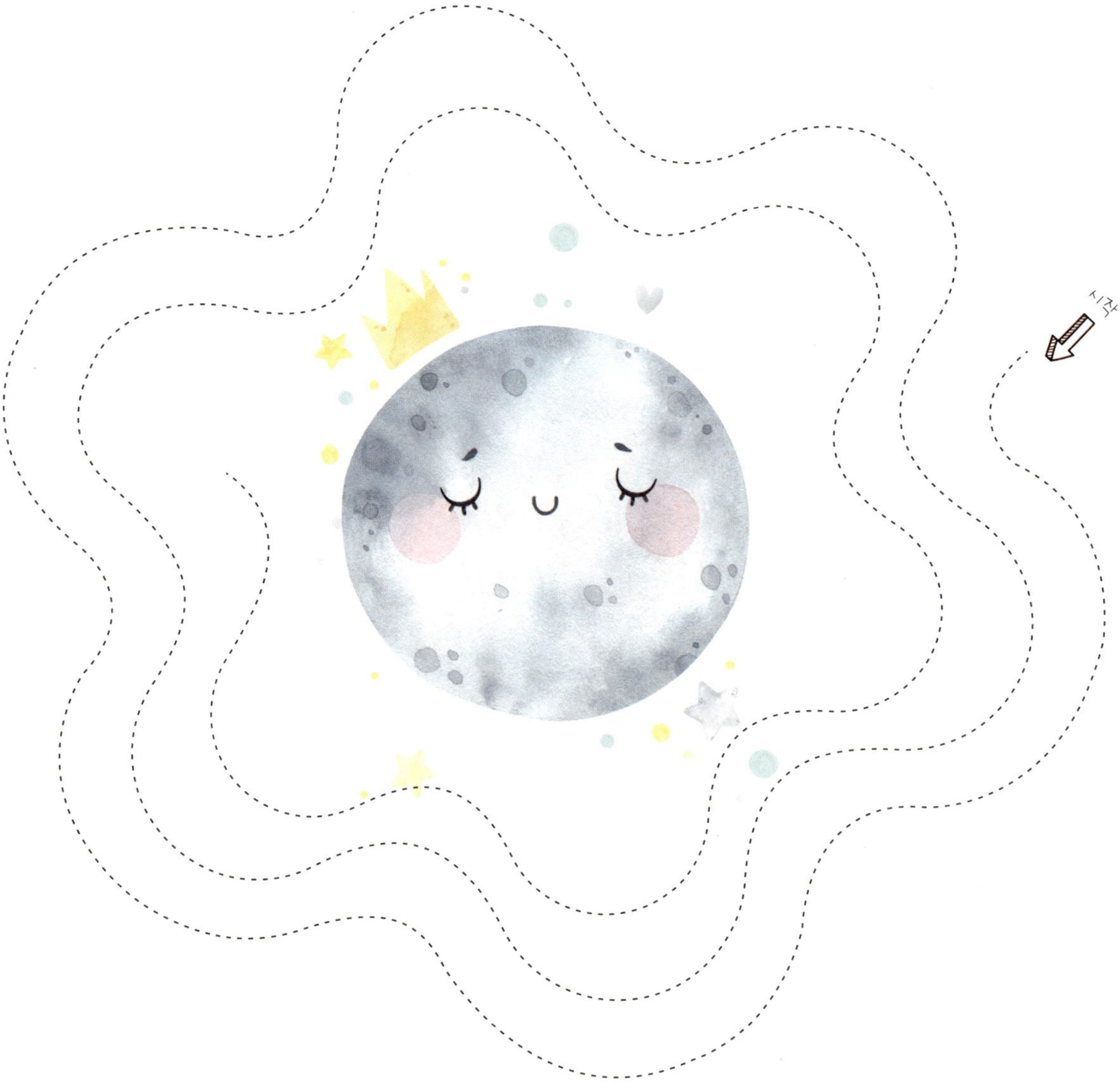

내 마음의 달밤

🖍 오늘은 여러분이 외친 소리를 듣고 달나라의 토끼가 찾아왔습니다.
이 신기한 토끼는 여러분이 지우고 싶은 흑역사의 기억을 가지고 갈 수 있다고 합니다.
여러분의 흑역사를 가지고 갈 토끼의 모습을 아래에 그려보고 이름도 지어보아요.

🖍 토끼를 다 그린 후에는 여러분의 이야기를 잘 전달해주세요.

토끼의 이름

To. 토끼에게

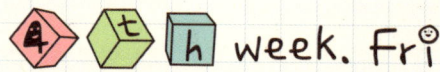 week. Fri
내 마음의 달밤

▭ 어제 만난 토끼는 여러분이 지우고 싶은 기억을 가지고 다시 달나라로 돌아갔습니다.
새롭게 마주하는 여러분의 마음 속 밤하늘을 아래 조건에 맞추어 마음껏 색칠해봅시다.

▭ · 검은색은 사용하지 않습니다.
· 다섯 가지 이상의 색을 사용하여 자유롭게 색칠하고 덧칠합니다.

Weekend Project
나는야 어린이 작가!

초등학교   학년   반   이름

이번 주 활동을 통해 내가 느끼고 생각했던 것들을 시나 글, 그림으로 마음껏 표현해보세요.
완성된 작품은 왼쪽 절취선을 따라 잘라서 소중히 간직하거나 제출해보아요.

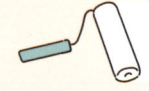# 에필로그

'내 마음을 알아주는 감성아트북'은 오랜 기간 학교 현장에서 아이들을 가르치며 얻게 된 노하우를 모두 담아내려고 노력한 책입니다. 특히 아이들이 천천히 생각을 확장할 수 있도록 단계적인 비계를 설정하였고, 전 과정을 통해 내면의 힘을 기를 수 있도록 구성하였습니다.

정해진 시간 안에서 이루어지는 활동은 아이들의 컨디션에 따라 그 결과물이 달라집니다. 하지만 PBL(Project Based Learning) 즉, 프로젝트 기반으로 이루어지는 활동에서는 언제든지 떠오르는 아이디어를 더할 수 있다는 안정감을 갖게 됩니다. 일주일 프로젝트가 끝나면 월요일 활동지부터 금요일 활동지까지 다시 한번 천천히 둘러보세요. 그리고 전체 프로젝트가 끝났을 때 다시 1주차 프로젝트부터 펼쳐보세요. 그 때는 왜 이런 생각을 했을까? 고민해 보는 시간이 분명 여러분을 더욱더 깊이 있게 이해할 수 있도록 도와줄 것입니다.

현장에 있다 보면 자존감이 낮은 친구들을 종종 만나게 됩니다. 그 중에는 본인의 상태에 대해 잘 모르는 학생도 있습니다. 자존감이 낮으면 무엇인가 새롭게 시도하는 것을 두려워하게 됩니다. 특히 타인의 시선에 대한 걱정이 많다보니 학교생활 중에 쉽게 무기력해지는 경우가 많습니다. 나의 마음을 들여다 볼 수 있다면 자존감을 스스로 높일 수 있는 방법도 찾을 수 있습니다. 내 모습을 어떻게 받아들여야 하는지, 무엇을 칭찬해야 하는지, 내가 원하는 모습으로 변하기 위해서는 무엇을 해야 하는지. 지금까지 여러분이 기록한 내용 중에 수없이 많은 답이 있습니다. 끝까지 포기하지 않고 달려온 여러분, 누구보다 여러분이 최고입니다.

지은이 **배민관**

43페이지 정답 : 고민